눈으로 지은 집

눈으로 지은 집

백승희 시집

susukeki

■ 시인의 말

바람 부는 날이 많았다
숨은 말들이 길을 묻고
새로운 바람이 찾아들었다

때론 바람이 넘어 온 등고선에서
차가운 기압골 속을 헤매다 폭설을 데려오기도 했다
그 바람 지나간 자리, 하얀 눈꽃이 피어나고
아늑한 골목길을 만들었다

페이지를 넘길 때마다
내 이마를 짚어준 날들이 모여 있는
바람의 끄트머리
지나온 삶의 흔적은 희미하다
그럼에도 여전히 따뜻하고 빛나는
눈으로 지은 집

2025년 1월 백승희

차 례

소리나무 012

은지화의 봄 014

고비사막 016

청명한 날은 그냥 오지 않는다 018

雪, 눈으로 지은 집 020

계절을 날염하는 동안 022

아버지를 본뜨다 024

오래된 강에서는 종소리가 난다 026

헤엄치다 028

불새가 그린 030

감나무가 있는 집 031

켜다 033

연착 034

만약에 비　038
정말, 거짓말　040
백색 등을 켜면　042
중립에 멈추다 보면　044
빨래를 널다　045
복사꽃 수의　048
레인스틱　050
그늘이 앉는 방　052
나무에게 길을 묻다　053
조우遭遇　055
스캔하는 계곡　057
꽃잎의 절벽　059

녹綠, 그리고 록錄 062
침목 063
수면양말 064
압화 066
모래웅덩이를 줍다 068
파꽃 필 때 070
그의 설계도를 훔쳐본 일이 있다 072
은행나무가 있는 골목 074
연가 076
바람을 싣다 077
띠지를 떼다 078
여름, 숲을 스캔하다 080
그늘의 이동도서관 082

컵 속의 컵　086
비 오는 날의 카페　088
화색이 돈다　090
여행안내서　092
어린 화가에게　094
초록을 비우며　096
발톱　098
지난 책 속에는　100
내일 속의 진실　101
캐리어　103
시간의 소쿠리　105
팔각반짇고리　106
꽃잎의 지층　108

바다	112
섬	113
향기로 지은	115
홍도	117
화요일에는	119
휘발합니다	120
봄은	121
바람이 분다	122
지우기로 한다	124
벽화	126
여자가 시집을 펼칩니다	128
문	129
소리를 적다	131

시평 | 김기덕 시인   134

소리나무

소리나무

도자 잎들이 풍경소리를 낸다

휘파람의 햇살과 바람이 블루의 조각을 뒤집을 때
시작되는 뼈들의 연주

살구꽃 향을 스타카토로 끊었다가
하늬바람의 악장에서 소나기가 되는 파랑새 날갯짓
허공에 파동이 인다

다가설수록 침묵하는 수평선 위로 청음이 쏟아진다

바람의 지휘로 펼친 새로운 악장들의 거리는
빛으로 눈이 부셨다

날개의 파닥거림으로 휩쓸리는 크레센도의 물결
뼈들이 부딪치는 골목마다 가슴 저린
난타의 소용돌이가 인다

합장과 묵념 사이에서
날개들을 수목장한 빗소리가 젖은 숲길을 내려간다
시간 속에 구멍을 뚫는
새들의 랩소디는 잦아들고

혼을 불어넣는 소리나무의 풍경소리
세상 가득 잘강거린다

은지화의 봄

구겨진 은빛 소리를 펴며
담뱃갑만 한 방에서 네 식구가 살았다는
가난의 이력을 읽고 섯섬의 봄을 꺼낸다
도토리처럼 작은 내 방에도 폭설이 그친다
바람의 톱날이 육각의 결빙을 잘라내자
손바닥 안에서 부름켜가 돋아난다
나무의 귓바퀴가 잘린 아찔한 풍경이 잎을 피운다
옹이를 파내어 공간 하나를 차지한 딱따구리가
깃털의 문패를 걸어둔 방
어둠의 통로를 들락거리며 물어온 햇살엔
물고기와 게와 꽃과 아이들이
빛의 고리를 물고 원을 그렸다
발을 포개고 허리를 접는 애정의 방식이 담긴
스크래치 그림을 저장한 쪽방에서는
벽을 뛰쳐나갈 듯한 흰소와
벌거숭이 아이들이 물고기를 타고 놀았다
뿌리들이 뒤엉킨 시간을 끌어다 덮고
상사초 향을 물들이며

초록을 키운 나이테의 방
눈 덮인 이불을 털어내자
잘린 물관으로 파도가 들이친다
하늘을 향해 모둠발을 딛고 성에 낀 창을 열면
은박지 햇살에 겨울이 녹는다
바람이 지나는 골짜기마다
봄이 반사되는 은지화

고비사막

낙타의 고열로 지난밤이 타들어 갔다
사막이 뒤척이며
넘어야 할 언덕에서 회오리를 몰고 내려왔다

바람이 발자국을 옮기며 사막을 횡단하는 사이
앞장선 낙타가 발목을 잃었으나
모래바람을 견뎌내는 긴 행렬은 끈을 놓지 않았다

갈증이 난 사막은 캐낼수록 지쳐만 갔다
평생 자식의 깊이만 파다 쓰러진 어머니의
각질로 두터워진 발뒤꿈치에서 사막은 시작되고
내장까지 번져있었다
귀 안쪽에선 소리들이 날아간다

선인장이 온몸에 바늘을 꽂고 사막에 귀를 대자
가시에 맺혔던 물방울이 링거를 타고 떨어졌다
사막의 끓던 열도 밤새 식어갔다
고비사막도 숨소리가 순해지고 나면

눈빛을 일으키던 낙타도 한 걸음 걸어보려는 생각을 세우겠지

순간에 맞닥뜨리는 사막은 예측할 수 없는 곳에 숨어 있다
모래폭풍이 만들어 내는 산,
앞은 보이지 않지만
별을 지고서만 넘어갈 수 있는 길이다

청명한 날은 그냥 오지 않는다

백내장이 찾아온 길엔 안개가 자욱했다
길이 자주 끊긴다
곡선 위로 허리가 꺾인 가로등
상향등을 켜보아도
視界는 밤으로만 흘러들었다

시간을 박음질하며 영사기가 돌아갔지
빛을 모으기 위해 조리개를 열었지만
발톱에 긁힌 장면마다 비가 내렸다
자막조차 읽을 수 없는 렌즈에는
회백색 구름이 가득했다

몰려온 구름이 허구한 날 비를 뿌리고
청명한 하늘의 시신경엔 햇살이 비치지 않았다
어둠은 밝은 평지와 연결되기 위한 통로일 뿐
세월의 질주에서 만나는 터널일 거라 생각했다.

빛을 쏘아도 읽어낼 수 없는 하루의 經典들

초점 잃은 별빛들이 사라져 간 시간 속에서
피가 맺히도록 무릎을 꿇고 난 뒤에야
달빛 가운을 입은 의사가 바람의 메스를 들고
하늘의 절개창을 열어 흐려진 삶의 월훈을 걷어냈다

가로등이 눈을 뜬다
인공수정체 같은 태양이 떠오른다

비 갠 하늘에 默示의 강물이 흐른다

雪, 눈으로 지은 집

하얗게 빛나는 결빙의 서사는 시작된다

누군가 손끝으로 쓴 이야기들
송이눈꽃 그리움으로 피어나고
바람은 조용히 창을 스친다

창가에 앉아 북극의 신화 세드나를 읽는다
얼어붙은 시간의 주름 매만지며
잘려나간 손가락에서 태어났다는 물고기의 풍요를 듣는다

차가운 손에 모은 벌판의 이야기들
빙하에서 흘러 온 물방울들
온기를 덧대어 껴안으면
하얀 기억들이 깨어나 따뜻한 눈물로 답하는 그대들
내 손끝에서 언어의 물고기로 꼬리친다

눈꽃이,
눈이 지어 놓은 이야기가

피어나는 집에서
별빛 향해 가만히 몸을 기댄다

계절을 날염하는 동안

광석이 아저씨는 밤늦도록 날염 공장에서 무늬를 찍는다
긴 나무 작업대에 하얀 길 펼쳐놓고
물감 틀을 들어 발자국을 새긴다
물감을 탁탁 훑어 내릴 때마다 색 고운 계절이 줄을 선다

때론 줄 서지 않고 달려온 계절이
초여름에 겨울을 던지듯 우박을 쏟아붓는다

자전거에 꿈의 파치를 둘둘 말아 장터로 나서는 날
시간은 절뚝거리고 날씨마저 울먹이면
부러진 앞니 사이로
웃음을 내보이며 팔다 남은 생을 끌고 돌아온다

삐뚤어진 무늬처럼 어긋나는 일도 많지만
한 시절은 금세 지나고
새로이 펼치는 원단엔 봄의 꽃잎들이 피어난다

장가가던 날 플래시가 터지고

광석이 아저씨 금니가 제 색을 발했다
개펄을 이고 온 아내 쪽빛 저고리에 수줍게 팔을 얹자
게와 소라도 달그락거리며
사진관 한가운데 천연의 웃음으로 날염된다

아버지를 본뜨다

예를 들면 말이지,
눈만 뜨면 비유의 나무에 물을 주시던
스케이트를 사러 가고 칼날의 길을 당겨주고
얼음판을 지치는 내 스케이트를 읽으며 트랙을 지키시던
아버지가
하루 만에 자란 까칠한 비유로 내 볼을 비비곤 했지
발의 심장을 담을 구두를 정성스럽게 닦으시고
내 초등학교 우등상장에 복권 번호를 써놓고
흑백텔레비전에 다가앉던 아버지는 늘 직유를 스캔했다
함께 본 이층 층계, 마가렛 꽃처럼에 반한
기억을 인화하게 만드는 처음 읽었던 경양식집간판,
비육의 스테이크 아니 비유의 스테이크를 자르면
삶은 조각조각 은유가 되었지
재미있게 살고 싶다던 엄마가
상징으로 남겨놓고 간 아버지의 발 시중을 든다
놋대야에 뿌옇게 풀어놓으신 하루를 만지며
아버지 심장소리를 들었다
단발머리의 눈 속을 뚫어지게 들여다보면

날마다 닦아드리던 두툼한 발에
작은 발이 한 켤레 걸려 있었다
영가의 언덕에 드는 발의 심장을 만져보았다
예를 들던 아버지가
아버지 발을 본떠주고 가신 길 위
단발머리 눈동자에 맺힌 풀꽃 하나 보았을 뿐인데
비유의 이파리 무성한 그늘을 가진
상징의 길로 걸어가길 바라셨을까
휴대폰에서 가끔 아버지의 하얀 비유를 만난다

오래된 강에서는 종소리가 난다

비가 내린다
수몰된 시간 위로 피어오른
비릿한 안개 속에 불어난 강물
쏟아지는 빛의 문장 깨닫느라 핏발이 선다

별과 바람이 오갔던 어머니의 강

날카로운 바람 소리 뒤척이며
메아리가 그리는 동심원

물비늘을 뒤집는 아픈 기억들
표창을 던져 풍랑을 일으키는 말,말,말
언어의 물고기가 뚫은 표적으로
염증을 앓고 허물어지는 강둑

울음이 잠겨 있는 강에서
묵주기도 하는 어머니
강물 속 깊이 잠긴 그 울음소리

어머니의 기도는 바람을 타고
은종을 울리며 멀리 하류로 퍼져간다

비가 내린다
어머니의 오래된 강에는

헤엄치다

유빙을 뚫고 온 물고기 한 마리 지느러미 접고 누워 있다
산소 방울이 콧줄을 타고 떠오른다

가시만 남은 기억 사이
잃어버리지 않은 옹알이 검버섯으로 박혀 있다

아이야, 깊은 바다의 꽃 따다 줄게

거센 물살에 몸을 뒤척일 때마다 갈라지는 숨소리
아이는 넌 바다로 뛰어들게 하는 이유라서
호흡을 잡고 바닥으로 내려가지
우거진 잘피 사이 떠밀리는 지느러미
진주를 찾아 바닥까지 내려가지

뒤섞인 밀물과 썰물
아가미로 밀어 올린 물방울은 수면으로 띄워 보내는 부표였다
암초에 꼬리지느러미 잡힌 채
부력을 잃고 가라앉은 물고기자리별은

유빙 타고 거슬러 오르면 하늘의 별자리로 떠오를까

파도를 벗느라 사선을 넘나들고 있다

잠수부의 산소통에 가느다랗게 매달린 숨비

중환자실 앞에서 울먹이는 아직 아이인 아이에게 들리는 주파수
사·랑·해
먼 유빙에서 따뜻하게 품고 온 말이
헤엄을 친다

불새가 그린

태흙을 풀어 수비질*로 공을 들인다 연잎에 긋는 빗소리, 오후의 평수를 잘라내며 온 힘을 쏟지. 연꽃 향기가 허공을 치댄다 개펄의 시간을 물레에 얹자 탯줄을 가르는 갯내음. 불꽃에 붙박이며 가마 쪽 일에 귀를 연다 애벌그릇 뜨겁게 끌어안을 때 화려한 꿈을 담으려던 너는 초번의 불꽃을 읽어내지 못했고 불완전한 숨결에 금이 갔다 담아야 할 자리를 잃어 무엇이 되지 못한 조각들을 내려다본다 몇 번의 불질에 몸을 맡겨야 너를 안을 수 있을까. 애벌의 살갗에 견뎌내는 사랑을 유약으로 바른다 덧난 상처를 안으로 삼켜 마침불꽃으로 단단해진 너를 확인했다 가마를 털자, 불새는 검붉은 문장을 지우며 날아간다. 불새가 날아간 자리, 연꽃무늬만 남았다 아가미로 호흡하던 기억은 잊은 채, 한 때는 차 우림 그릇이거나 술잔이거나 파도를 담은 너, 서해라고 부른다

수비질* 그릇을 만드는 흙을 물속에 넣고 휘저어 잡물을 없애는 일

감나무가 있는 집

바람 부는 날, 묵정밭을 훑고 온 바람이 감나무에 걸터앉는다

상량식을 빛낸 마룻대는 얼룩진 기억을 지우는데

댓돌을 밟고 대청마루에 성큼 올라선 바람
여닫치는 쪽문에 심산해진다
흑백사연을 내동댕이치고
영정으로 걸려 있는 벽을 주저앉힌다

주렴을 친 늦가을은 여전히 붉다

이슥한 밤까지 불콰하게 물들던 마을
꼭지마다 켠 주홍 불빛이
장지문을 발그레하게 비춰주던 날엔
마당에 노을 드리우고 청사초롱을 내걸었지
가끔 형제들은 모깃불 가에서 추억을 굽고 서로의 안부를 껴안곤 했지

목을 젖히며 꿈 망태를 하늘로 밀어 올리던 웃음소리
감꽃 목걸이 만들며 자란 형제들이
뿔뿔이 흩어져 제 갈 길로 가고 난 후,

보내고 싶은 편지들은 마른 감잎으로 툭툭 떨어져 쌓이고
그리움을 따내던 늙은 감나무
체액을 나르던 수관도 닫혔다

가지에서 울던 까치 울음이 날아간
빗장이 꽂혀있는 집
저녁이 몹시 흔들린다

켜다

소음이 데시벨의 음역을 키우며 떠다니는 목공소에서
나무를 켜느라 톱밥이 날아다닌다
톱질의 소음은 은하로 건너는 고비를 잡는다
명아주 풀을 뜯어 소꿉놀이하던 계집아이가 고개를 까딱거리며
흘러나오는 톱 연주의 판타지에 빠져든다
별을 질끈 동여맨 목수 아저씨는
널빤지에 먹줄을 팽팽히 튕겨 악보를 그려 넣는다
나무의 운행을 쪼아낸 목공소에
고흐의 짙푸른 밤이 새겨진다
옹이를 지나는 대패의 발걸음은 멈칫거리고
벌레들이 벗어둔 시간의 허물을 토해낸다
톱이 잘라낸 악보들, 조롱박이 걸린 터널에 박자들이 흔들린다
대패의 속살에서 숲이 무너진다.
짐승들이 달아난다 사파리 안으로 달리는 기린 얼룩말 떼들이
힘찬 발길질을 하며 붉은 별을 캔다
소리의 조각들을 톡톡 털어내고
사파리의 야생을 잠그자 텅 빈 숲에 별들이 내려앉는다
악보들이 일회용 광고지처럼 떠다니는 목공소에
시간을 털어내던 바람이 별자리를 짚으며 일어선다

연착

침목을 베고 누운 선로 위로 차단기만 오작동한다

골목을 빠져나가는 바퀴 소리 울렁이는데

봄은 오지 않고 바람만 무성했다

계절의 문턱에서 듣는 당신의 이야기는
꽃샘추위

얼어붙은 길에서 차들은 기다림에 애를 태우고
비둘기 완행열차 칸마다 매달린 유리창엔 혹한의 정이 아려
뿌연 성에가 끼었다

손가락 아픈 입김 불어 너의 이름을 적는다
터널을 통과하는 목쉰 울림이 메아리치는 차가운 벽

계절이 교차하는 순간
꽃들로 매진된 봄은 내게 오려나

어긋난 시간 속에 깔린 복선의 레일은 손을 놓친 채 멀어지고
다시 만날 수 없는 간극

착시의 순간과 잃어버린 시간들이 어둠을 밀고 오는 플랫폼에서

고장 난 차단기만 넋을 잃고 깜빡인다

만약에 비

만약에 비

바람이 몰고 가는
양떼구름을 풀밭에 매어 두네
양장본 시집 속에서
얼룩말이 뛰는 것을 본 것도 같은데

구름을 가장한 음모가
소나기로 퍼붓는 오후
처마 없는 길 위를 빗물로 서 있네

마음이 오래 짓눌리면
울컥, 쏟기라도 해야 한다는
구름의 전언이 위로일지도 몰라

잃어버린 약속들이
빗줄기를 타고 오는 길
문득, 얼룩말 자세로 달려갈 수 있을까

구름을 조금 오려내고

햇살 쪽으로 걸어간

만약이

푸른 초원으로 양떼 몰이를 할지도 모르지

꺾인 시간 펼쳐 빗속을 달린다

정말, 거짓말

하얀 벽 너머 여섯 살의 시간을 붙들고 있는 엄마

천둥 치는 냇가로 외할머니를 찾아 나섰다는데요
삽시간에 둑이 터지고
건너편 엄마의 엄마 부르다가 쓰러졌다네요
불어난 개울물에 꽃고무신 한 짝이 둥둥 물살에 떠내려 간다네요

어디일까 여기는, 눈을 뜨니 하얀 벽 더듬고
소용돌이치며 흘러든 낯선 물살에 손목 잡혀 있다

바람결에 얼기설기 풀빛 추억을 수놓다가
집에 간다는 거짓 약속 손가락 걸고
신발을 찾느라 손을 휘젓는다

엄마, 사랑해.
엄마, 조금 있다가 가.
내 엄마를 부르다가

바람벽에 기대어 흐느끼는데
연분홍 꽃잎이 추억의 물살에 뒤집힌다

저문 강 건너는 기침 소리
가시꽃으로 가슴을 찌르며
잘 가라고 촘촘히 징검돌을 놓는다

천변의 서쪽 하늘이 짙어 가는데
갈꽃이 손목 잡으며 하얀 웃음 날린다

뻣뻣한 올올이 무서리 매만져 갈아입은 갈대 옷,

서걱서걱 흔들리며 갈 때,
정말 집에 가지, 묻는다

백색 등을 켜면

빛을 포기하지 않은 날개들이
수술 방 앞에서 분주하게 날아다닌다
마음 둘 곳을 찾느라
모니터 앞으로 몰려든 나방들의 날개에 나를 얹는다
수술이 임박해지자 불빛을 읽어간다

메스가 수술대 위를 건너뛰면서
가닥 가닥의 신경줄들이 사인을 보낸다
수술준비중, 수술중, 사망
절망도 통곡도 부실없는 일

불빛에 다가가 날개를 부딪치고 떨어지는 은빛 가루들
그 방엔
나방들이 비비고 떠난 살가루가
주검으로 실려 나가고
불빛을 읽어내지 못한 숫자들이 늘어간다

백색 등이 켜지고, 해체했던 시간들은 봉합되지만

꿰맬 수 없는 살점들은 빛을 잃고 허공에 떠다니는 통곡으로
남겨진다
문은 침묵 속으로 격리되고
초조해진 날개들이
불빛으로 몰려든다

아직은 수술 준비 중
나의 심장이 깜빡인다.

중립에 멈추다 보면

그와 함께 비껴간 길목마다 목이 멘다

자동차의 변속기어, 가속페달 밟기를 반복하는 길
번번이 출구엔 욕망이 고개를 쳐든다
서로의 비상등을 깜빡이며 속도를 주저앉힌다
안양천변을 따라 갈증으로 길은 주름지고
영등포공구상가를 배회하던 쇳가루들마저
갈색바람으로 체증을 부추긴다

수인(囚人)을 태운 버스가
좌회전으로 막 도로를 빠져나갈 때
침묵은 목을 빼고 차선을 끼어든다
말이 나오지 않는 차안으로 경적이 쳐들어오고
매연이 도로를 막는다
샛길을 허락하지 않는 성산대로에서
중립에 기어를 놓고 속도를 버린다

틈이 속도의 행간을 읽는다

경직된 신경 벨트가 느슨해지자
늘 안전을 매주던 손길의 행방은 길 밖으로 밀려있다
그가 비껴간 길 위
커피 한 잔 나눌 수 없었던 시간의 정체 속에서
그를 만난다

병목을 빠져나오면
덜덜거리는 속도에서 벗어난 시간들이
치열한 가속 페달을 밟겠지
유리창 너머
빗줄기보다 빠르게 스쳐가는 인연들

빨래를 널다

미처 헹구지 못한 날들이 쌓여간다
옥탑 방에서 처음 널던 희망
깃발을 꽂기 위해
흐린 날에도 습관처럼 빨래를 했다

냄새로 나누는 어제와 오늘
비누 거품 안에서 지난날들을 비비며 흔들어 깨운다
오늘 속에 모인 팍팍했던 어깨들을, 주름 잡힌 걸음들을 비틀어 짠다
집게에 맞물린 꿈을 넌다

맑아진 눈물이 흐린 생각을 물고 추락한다
바람이 분다
응, 바람이 있었지
묵은 시간들은 서로를 붙들고 펄럭인다

외출을 한다
비가 온다는 예보는 없었다

열린 창을 그대로 두고 외출을 한다
엘리베이터 앞에서 만난 여자의 무표정한 얼룩이
느린 속도로 배웅하느라 한동안 닫힌 문 앞에 서 있었다

빨래를 널었다는
그녀의 귀가는
폴리스 라인에 헛디뎌 붉게 꽂혀있다
그녀의 빨래들이 귀가를 서두르지 않는다
마르지 않은 블라우스는 아직 흐리다
마지막 오늘을 배웅한 빨래들이 깃발로 나부낀다

날마다 빨래를 널고 걷는 일은
깃발을 올리고 내리는 경건한 기도

복사꽃 수의

비바람 치는 날, 햇살의 실타래 풀어
무지개를 수놓던 계단 아래

스물여덟 번째 복사꽃이 떨어진다

단테의 신곡을 읊조리는 빛의 한 조각이
늑골로 흐르고
허공을 쓸어 감기는 손금에 강물이 흐른다

돌개바람이 휩쓸고 떠난 자리에
물살을 거슬러 오는 꽃잎들

길 끝에서 안으로 새겨 가는
환상통에 돋아나는 푸른 가지들
눈망울에 새겨진 가지 끝에서
붉은 꽃물이 배어난다

햇살의 타래실 풀어 수틀에

하얀 길 펼치고
꽃잎 수를 놓는다

급하게 떠나느라 마련 못 한 수의 한 벌
텅 빈 자리에 차오르는 꽃 빛 울음
자꾸만 껴입는다

꽃구름 몰고 와
비단 꿈의 연둣빛 발을 내건다

복사꽃 입은 계절이
봄 화장을 한다

아지랑이가 강물로 일렁인다

레인스틱

사막의 언어를 새기며
미라가 된 선인장
비의 스틱을 흔든다

모래바람이 길을 지우면
물병자리를 잃은 실크로드
물의 숨소리 찾느라 맨발로 헤맨다

사각의 물통을 이고 반나절을 되짚어 와도
출렁이지 않는, 눈물
붉은 먼지투성이에서 버짐 꽃이 핀다

야생들은 쓰러지고
기다림에 꺾인 선인장은 풍장이 되어간다
마른 입술이 타들어 갈수록
구름을 어루만지는 샤먼의 북소리
레인스틱을 깨운다

오아시스에 차오르는 물의 능선
별들이 범람하고
물병자리에서 꿈이 쏟아진다

목마른 빗소리, 레인스틱을 구른다

그늘이 앉는 방

먼지 낀 쪽마루에 마른 손바닥을 대자 그늘의 약도가 옮겨 온다 미네르바의 선로를 달리던 밤의 본성으로 환승한다 쉴 새 없이 생각을 쏟아내던 스물하나, 부엉이 발자국을 새기며 푸른 창가로 끌어당기던 별빛. 그 흐린 명왕성을 따라 위성이 되겠다는 너를 이해하지 못했다 명왕성이 행성에서 자리를 잃어버리듯 너의 별빛도 하늘로 돌아가고 말았다 팔 벌렸던 감색 옷을 황토벽에 걸어두고 빈방은 가부좌를 튼 채. 샛바람이 넘나들던 들창의 고리를 걸어 잠갔다 시린 내가 불꽃 지펴 아궁이 앞에 쪼그려 앉는다 너의 등이 돌아눕지 않고 거미줄에 갇혀버린 네 시가 연기에 콜록거린다 슬픔의 화산이 솟구쳐 화석이 되었다 오래전 나의 행성이었던 너는 없고 기억을 잡고 있던 고리들이 헐겁다 어머니의 눈물에 벽이 조각조각 떨어지고 황토에 개어 바른 담에서 길은 돋아나지 않는다 어둠에 갇힌 시어에 너의 반짝이는 운석 하나쯤 보내오길, 오랜 꿈의 선로를 잇는다

나무에게 길을 묻다

바람은 습기를 몰고 온다

청년이 큰 상수리나무의 문을 밀고 들어가자
나무는 길을 내주었다
초록의 잎들이 수런거리며 그의 어깨를 쓰다듬었다

바람결이 문을 밀고 닫을 때마다
그의 혼을 어루만지듯
온몸으로 푸른 잎을 뒤흔들며 춤을 추는 나무
유월이면
가슴 속 불을 조심하라는 붉은 띠를 두른다

바닥을 구르며 우르르 쏟아내는 울음
스물한 살의 영혼을 어루만지는 나무가
유화처럼 엉긴 초록의 뿌리를 붙들고
위로하고 있다

상수리나무에 걸어둔 밧줄에는

유월을 옭아맨 흔적이 나부끼곤 한다

또, 유월이다

조우 遭遇

빗방울이 초록의 기억을 새기는 숲

버섯들 우산을 펼친
카펫을 밟고
빗소리 너에게로 간다

영롱한 물방울로 흘러와 마음 포개는 순간

우리, 어디서 만난 적 있던가

얼싸안고 하나로 흘러가다 보면
한순간, 머물게 되는 여울목에서

너는 하늘로 오르고
나는 무지개 되어 다리를 놓는다

억만 년

우리의 시간이 흐른 후, 다시 빗소리 들리면
나는 깨어나 너인 줄 알고
초록 우산을 펼칠 수 있을까

빗방울 툭 툭
내 어깨를 두드리는데

사색을 펼친 우산은 말이 없다

스캔하는 계곡

바람이 지나가며 상처를 스캔한다

숲속에 버려진 발자국들
웅덩이마다 고인 빗물에 질척인다
절벽에서 흩뿌리는 는개에 몸을 떠는 이파리들
젖어 사는 것들의 숨소리가 흐르는 골짜기
구석진 곳에 숨은 비밀은 협곡에서조차
수직의 손을 뿌리치는데
고봉에 걸친 구름은 바람을 손짓하고
함께 오르던 추억은 안개에 덮여 있다
흘러내리는 물줄기는 저마다의 이야기를 품고 있다
목쉰 목소리는
계곡의 깊은 곳에서 잊힌 과거를 드러낸다
물속에 반사된 햇빛은 각각의 돌에 새겨진 기억을 떠올리고
이끼 낀 돌멩이들을 투사하는 동안
침묵은 깊어진다
다만 바다로 가기 위해 늑골 속으로 흘러드는 숨,
출구를 찾아

안개 속 빠져나가는 굽은 길 하나
소리 없는 물결에 잃어버린 기억들을 안고 간다
빛이 어둠을 지나가는 틈새까지
덜미를 놓지 않는 끈질긴 빛의 사투
사라져가는 안개 속에서 점점 선명해지는 마지막 빛
노을 스며든 길을 벗고 새로운 시작을 향해
폭포,
온몸으로 돌진한다

꽃잎의 절벽

한 줄 파랑이 벽을 허물고
밀물이 밀려온다
구름을 감아올리다 뒤엉킨 수평선에
빈 울음이 노 저어 온다
파도의 시퍼런 춤사위에
번진 오방색 바람이 펄럭인다
안개 섬을 돌며
출렁이는 파도의 흐느낌
카오스의 꽃잎들이 흩어진다
편광의 등대를 켠 주상절리에서
물그림자가 꽃부리를 적신다
물너울이 산화된 얼굴들을 새긴다
날개를 펼친
단층마다 투사된 꽃잎들
불의 기억들이 융기한 절벽에서
몸을 던지는 꽃잎

녹綠 그리고 록錄

녹綠 그리고 록錄

빈 외양간에 낡고 녹슨 호미 한 자루가 센바람에 흔들거린다 호미는 해토머리에서 늦가을까지 텃밭의 고랑을 파며 뒹굴었다 밭으로 드는 호미의 기척에 풋것들이 두근거렸고 갓 따온 호박, 감자 씨알도 그 밭과 호미가 가슴을 열고 키운 덕이다 고추가 영글어 가고 장다리꽃 흐드러진 모습이 밭의 발목에 잠기곤 했는데 들깨 터는 날은 도리깨질에 장단을 맞추는 아낙들 흥이 넘쳐났다 호미가 앓아눕던 날, 생기를 잃은 풋것들 때문에 밭은 묵정밭이 되고 말았다. 호미는 걸어 나온 밭머리 바라보며 허 청에 걸렸다 쓸려나간 워낭소리 환청을 들으며 습관처럼 허공의 풀을 맨다 초록의 흔적을 파보듯이 흔들거리며 기록의 페이지를 더듬고 있는 날들이 지나간다

침목 枕木

오랫동안 철길에 누워 있었다 가끔 눈을 돌리면 민들레나 씀바귀 꽃이 먼지를 쓴 채 손을 흔들었다 속도가 튕겨내는 돌멩이에 이마를 부딪치기도 했다 장맛비에 푹 젖어 한쪽 귀를 잃어버리자 소리가 속력을 내도 둔감해졌다 팔월 햇볕에 바스라지고 쩍쩍 갈라졌다 이제 할 일을 마치고 순례의 길로 나선다 철길에서 몸을 일으켜 세우고 숲에 들어와 푸르게 어우러지던 날, 몸에 절은 기름기 뱉어내며 산의 등뼈가 되어 자근자근 밟아주는 발길에도 흐뭇했다 어디선가 수군대는 소리가 들려왔다. 개미나 벌레들이 갉아대는 대로 내맡기며 때가 되면 흙이 되고 싶었는데, 숲에서도 퇴출이라는 말을 뱉어낸다 하혈하며 기름기를 쏟아내는 폐궁의 몸 산을 잉태할 수 없는 폐목들이 버려진 공터에서 길들은 숲을 내주지 않는다 침목은 침묵 중이다.

수면양말

새하얀 발목을 끌어당기자
줄무늬로 그려진 곰이 눈을 껌벅거린다
밤마다 아이가 되어 둥글게 몸을 말고 눈을 감는다
구멍 난 잠에 새 양말을 신기면
머리맡에 걸어둔 크리스마스 선물처럼 잠이 찾아온다
불길한 예고는 여지없이 국경의 철조망을 허물고
여기저기 구멍이 뚫렸다
유년의 빙산이 녹아 흐르고
강이 말라버린 땅은 붉은 혈관을 드러낸 채 쩍쩍 갈라져
불면의 능선에 찬바람이 인다
가시 돋친 선인장 위로 유성우의 불빛들이 쏟아진다
맨발로 세상의 극지를 걷다 보면 발이 시려
양털 구름으로 섞어 짠 양말을 신어야 했다
꿈속으로 귀환하는 알몸의 발은
봄의 체온을 불어넣어야 한다
히프노스 신에게 머리를 숙여 신탁의 햇살을 구한다
젖은 신발을 말리던 햇살이 맨발을 주무른다
잠시 건조한 벌판을 적셔줄 실개천이 흐르고

새싹이 돋아나지만 우기는 짧다

겨울잠을 잃은 북극곰이 뒤척인다

빙산이 녹은 쪽잠의 유빙을 타고 표류하는 밤

야위어가는 북극곰의 엉덩이를 끄집어 올려 발목을 덮는다

아침으로 이어지는 양말 속엔 봄 햇살이 부풀어 있다

골목에 늘어선 불면의 가로등을 끄고

봄의 수레를 밀고 가는 아지랑이

압화

책갈피를 열자 장미꽃 울타리가 펼쳐진다

꽃잎에 물든 키스, 노을 번지는 향기를 빨아들인다

네잎클로버 찾던 우리의 손은 우기와 건기에도 다정했지

마른 꽃잎엔, 흘러간 계절의 그림자가 달라붙어 있다

태양이 부서지는 초원을 향해

바람으로 달려도 늘 제자리이던

연분홍 기억을 놓친 꽃대에서, 방목의 시간은 잠들어 있다

화장을 지운 거울 속 실루엣

내가 던져준 부케는 어느 손에 들려 있을까

낡은 세월 뒤편으로 돌아누워, 발화하지 못한

언어의 침묵이 되살아나면

꽃잎 스치던 창밖으로, 오후의 초록이 감긴다

모래웅덩이를 줍다

물길이 열릴 때마다
바다는 지평선에 웅덩이를 판다
한 사내의 기억을 파헤친다

바람을 견디려고 몸부림치며
바람을 밀어내어
제 가슴 후벼 판 후회의 웅덩이마다
눈물로 가득 차 있다

바다의 손가락들은
파도의 활을 쥐고 고뇌를 연주했다
격렬한 저음으로 밑바닥을 휘젓는 첼리스트

웅덩이 하나를 버리면 또 다른 웅덩이가 생겨나서
그리움을 담는 바다
모래 웅덩이의 격한 절망을 견뎌내려 섬들도
한숨을 몰아쉬곤 했다

너에게로 가는 물길이 열리면 기억의
암석들이 드러나 보일 듯
바닥은 앙상한 뼈대들뿐이었지

가라앉고 부서지기를 반복하며 휘몰아친
모래 웅덩이의 사연은
물거품으로 남았다

파꽃 필 때

겨우내 움파를 잘라 먹었다 확성기로 외쳐대는 이동 트럭이 봄의 소리를 아랫동네로 몰고 간다 코뚜레에 끌려 나온 봄, 호기심을 비비고 담장을 따라간다 봄볕 장이 열린 담장 아래 기대앉은 냉이, 씀바귀가 향기를 날린다 서리태 한 자루, 보리쌀 말가웃, 누대의 콩밭과 보리밭에 초록 길을 낼 것들이 벌써 고랑에 흔들릴 잎을 펼치는 것 같다

햇살이 담장에서 팔을 내리는 파장, 빈 자루를 털면서 걸음들이 흩어진다
흙 한 덩이가 어머니의 텃밭을 옮겨 온다 이슬 적시며 들로 나선 어머니, 치마폭에 돌을 발라내고 햇살 다듬어 텃밭의 푸성귀를 키웠다 보리밥이 싫다는 여섯 딸에게 마음껏 이밥을 먹이지 못한 어머니가 골라내지 못한 돌멩이를 무릎에 안은 채 바람결에 눈물을 말린다

무릎을 싸안으며 이리저리 뒤척이다 머리맡에 둔 만병통치 파스를 찾으신다

개망초 따윈 어머니 밭에 얼씬거리지 못한다는 것을 어머니 무릎에 기대어 알았다
헐거워진 손아귀 힘이 풀리는지 뿌리 움켜쥐던 붉은 흙 놓으며 옴폭 파인 자리 바라보고 파꽃 똑똑 따내며
"나도 이제 저 땅으로 돌아갈 겨"
굽은 허리 펴셨다는 것을, 기댈 무릎이 없어지고야 알았다

그의 설계도를 훔쳐본 일이 있다

나무의 일이다

허공에 그물을 치며 뻗어간 욕망
온통 얽힌 시간을 공중에 들어 올린
푸른 절규를 알까

이쪽과 저쪽
이승과 저승까지 다리를 놓으려 했던
허공의 그림자 하나
우리의 헛손질로 새긴 인연마저
가지가 되어

나무에 등을 매달고 향을 피워 올린다
등꽃의 보라
높은 상징은
잎도 가릴 수 없고
구름도 덮을 수 없어
빛나는 별자리들 내려와 평면도를 이루었다

갈등을 엮으며
손을 뻗어 허공에 새긴
우주의 형상

천상의 금줄 하나 드로잉 중이다

은행나무가 있는 골목

기차의 기적소리 골목을 깨운다

고택의 담장을 기어오르는 바람, 기억을 잃어
담돌 몇 개가 또 허물어진다

은행나무 그림자는 오후를 늘이고
그림자 흔드는 바람이 은행알을 낳는다

적막으로 기우는 오후를 고양이 울음이 기웃거린다

 햇살이 걸터앉은 하얀 고무신은 제자리걸음을 떼지 못하고

은행알이 구르는 골목이 기운다

골목이 기운 건
아이들 목소리를 잃고 나서부터
빈 곳에 찾아오는 바람소리가 균형을 잡지 못한다

창문을 덜컹거리며 바람이 골목을 달아날 때

은행나무의 가을이 쏠려간다

햇살은 골목의 그림자를 걷어가며 뒷걸음질 친다

연가 燃歌

붉은 계절이 타들어간다
매캐한 시간의 굴뚝을 에워싼다
연둣빛 잎사귀는 날카로운 톱니를 물고 자리를 옮겨
달빛 언덕에 닿았던 발자국을 내려다본다
호박빛 가스등이 밝히는 '장미빛 인생'을 새긴 골목 안
구석구석 스며든 별들의 이야기는
세레나데의 달콤한 음역에서 촉촉하게 젖어든다
사각 테이블에 턱을 괴고 스며든 라일락 향기의 밤
물병자리의 별이 눈동자 속에서 출렁인다
'테라스 카페'를 밝히는 연인들 속에서
완벽한 슬픔이 어깨를 껴안고 눈시울이 붉어진다
야윈 잎사귀를 흔드는 바람의 장대
추락을 반복하는 길 위로
푸른 잎맥에 머물던 장밋빛 인생을 떨군 채
고엽의 마지막을 소지하는 불꽃 입술은 요염하고 붉다
여전히 먼 너, 아직 테라스 카페에 머물러 있는 듯
기억의 향기는 잊히지 않은 채
내 안에서 연기로 흩어진다

바람을 싣다

빈 배를 갯벌로 끌어들인 건, 낡은 풍랑이었다

수평선 끝까지 가고 싶어 하는 배를
바닷가 저편까지 끌고 갔다가
내동댕이친 후, 벌밭에 발목을 묶어두었다

물결의 풍향계를 쥔 바다는 저만치서 외면하고
저어새처럼 부리를 젓던 노는 부러져
질퍽한 사타구니에 처박혔다

백사장이 알몸으로 잠들어 있는 외포리 갯가
밀고 당기던 속살은 물결치고
떠나야한다는 생각에 까마득히 접혔던 돛단배는
수로의 자궁에서 닻의 탯줄을 당긴다

바람을 싣고
너에게로 가기 위해
꿈에서도 흔들리는 빈 배

띠지를 떼다

단풍을 쓸어 모은다 나무의 편지를 태워야 할 때다
첫 번째 편지부터 어긋난 말들이 섞여들었다
간격이 생겨 꽃을 피울지 알 수 없었지만
벚나무는 화사한 꽃을 피웠다
그가 도스토옙스키의 죄와 벌을
옆구리에 끼고 사는 동안
과잉보호가 수액에 흘러들었고
두 손을 받쳐 들어 가지마다 싱그러움이 차올랐다
나무는 바람을 읽고 비를 마시며 햇살로 성숙해졌다
그의 노동은 버찌가 익어가는 달콤한 시간을 만들었고
초록 이파리로 비 가림이 되어줄 것을 의심하지 않았다
먹구름이 몰려온 것은 나무에 단풍이 들어갈 무렵
그는 노을과 키스를 했고 이파리에 구멍이 뚫린 것을 보았다.
벌레와 소통하며 내 두려움을 키우고
꽃과 잎들의 사연을 다발 지어 띠지에 묶었던 새빨간 약속이 뜯겨졌다
겉봉에 번호를 붙여가며 주고받았던 사연들이
띠지를 떼고 불꽃으로 타오른다

한 번의 바람이라도 다녀가길

책갈피에라도 남고 싶다

나무의 힘줄로 가는 수액을 차단하며 몸을 닫는다

여름, 숲을 스캔하다

뜨개질하던 봄을 생략한
짙푸른 초록이 팔짱을 끼고 들어선다

비단벌레 날개 비비는 소리 환청으로 꽂고
방향 잃은 깃털이 날고 있는 숲

구름을 몰고 도착한 스콜
그늘로 들어간 추억을 적신다

오래 머문 소리를 열어도
계절의 순서를 놓치는 기억들

붉게 익힌 단풍이 숲으로 걸어 들어오는 걸 빤히 바라본다
뼈만 남은 겨울이 온다는 걸 잊고
속도를 늦춘 기억은 엇갈려 숲 그늘에서조차 시든다

숨은그림찾기를 할까

작은 야생화에 멈추던 너의 눈길
시간 속에 숨어버린 꽃길에서
발자국들이 숲의 문턱을 넘는다

숲은 새 떼를 몰고 오고
은유를 껴입은 숲이 소란해진다

그늘의 이동도서관

등나무 꽃송이가 햇살을 삼킨다
그런 날에는 그늘이 생기기 마련

누군가 시간의 열매를 쥐고 그늘에 앉는다 해도
때론 낡은 책들이 며칠째 누워있기만 해도
필사된 페이지들은 바람에 입을 맞추곤 했다

골목의 사연들이 목소리를 높이다가 어둑해지면
빈 그늘 속에서 웅얼거리던 아픔들도
딱지를 떼고 훨훨 날아갔다

그늘이 짙어질 때 돌아오지 않는 책들도 있었지
떠난 얼굴들의 페이지가 기울어질 때
그 향기는 누군가의 기억 속으로 스며들었다
빌려 간 그늘이 위안이 되더라고
웃고 울었다는 책갈피를 끼우기도 했다

내일은 도서 대출을 하느라 보라꽃향기가 은은하겠다

안으로 말아 올린 이야기들이 은밀하게 쏟아지기 때문일 거야
껴입은 그늘을 햇빛 속에 벗어던지면
한 수레의 사연들은 목록대로 선명히 분류될 테지

등나무 서고에 나란히 앉은 책들이 웅성거리는 날은
바람이 불거나 비가 오거나
햇살이 눈부시거나 말거나
우린 의자를 당겨 등나무 이파리 속으로 스며든다

그늘을 들여놓은 의자,
하루가 흔적이 없어서 좋았다

단풍이 들면
그늘의 긴 그림자들만 붉게 타오를 거야

컵 속의 컵

컵 속의 컵

이별 한 모금을 비우던 입술들이
눈보라 속으로 지나갔다
휘젓는 계절의 바람에 방사형 길이 흔들린다

빙벽을 건너는 발소리들
컵을 채우기 위해
보도블록을 따라 카페에 들어서곤 했다

젖은 날엔 한 잔의 체온이 그리웠고
머리가 욱신거리는 날은 아이스 아메리카노를 마시며
첫눈이 오던 날을 헹구어낸다

얼음 조각으로 남은 컵 속의 기억을 마시면
함박눈의 추억이 왈칵 쏟아지고 와르르 빙산이 무너진다
만조로 차오른 수심이 내 상상을 넘어 외줄을 탄다

눈의 요정과 만나는 초록의 하트들
꽃잎으로 너는 매달리고

나는 눈부신 아침의 흔적을 두 손으로 감싼다
있는 듯 없는 듯
백설로 핀 설강화와 혹한기를 넘긴다

겨울은 너무 길었지
설원의 탁자 위로 각설탕 같은 봄이 얼굴을 내민다

알뿌리들의 기억을 더듬어
눈밭에 햇살을 따른다

비 오는 날의 카페

거울 속에서 파도가 친다

투명하다고 믿었던 안과 밖 창문 사이
닿지 못하는 경계선이 있다
언제나 어렴풋이, 흔들리는 선

유리잔을 들여다보다가
안쪽의 얼룩, 손에 쥔 온기가 만들어 낸 작은 바다
그 속에 또 다른 잔잔한 물결을 그린다

유리창에 흘러내리는 눈물들 서로에게 스며들지만
어쩌면 바다보다 큰 욕망을 품었는지 모른다

거울에 비친 기억을 모으면
사라져간 추억들이 주름을 따라 흘러내린다

살아온 길 위의 발자국, 떠나보낸 이름들
아직도 건너편에 남아있을 것 같은 얼굴들

비 오는 날, 거울을 닦는다
파도는 잠시 멈췄지만 다시 밀려올 것이다
알 수 없지만
투명한 경계 사이 그 안에는 끝없는 바다, 욕망이 굽이친다

유리컵에 남은 흔적들처럼
주름으로 흘러든 파도는 잔잔한 물결을 넘어서지 못한 채
흔들린다

화색이 돈다

오늘 구름이 심상치 않다

사거리 바람은 찻집의 문을 밀고 들락거린다
떼 지어 온 꽃잎들이 웅성거리며
살다 온 곳의 봄을 불러놓고 한동안 서성거리곤 했다

테이크아웃의 컵들이 꽃 향을 들고 와
방마다 걸린 겨울을 밀어낸다
벽에 걸린 꽃무늬 치마가 찰랑거린다

아직 먼지 수북이 쌓인 피아노 건반엔
오랜 시간 덮어둔 글루미 선데이가 얹혀 있다

뜨거운 에스프레소의 갈색 수액이 실핏줄을 타고 돌아오면
겨울잠을 깨울 수 있을까

건반의 문을 열고 봄 처녀를 부른다
방안에서 화색이 돋는 수선화 한 다발

봄이 번진다

여행안내서

협궤열차가 젓갈 냄새 밴 철로 변에 멈춰선다

새우젓, 갈치젓 아예
바다 향 가득한 포구를 실은 기차는
곰삭은 얘기에 덜컹거리며
짠 내 속으로 흘러든다

젓갈로 버무린 무청 김치와 쌀이 드문드문 섞인 보리밥
시커멓게 삭힌 무청 줄기를 말아 목구멍에 밀어 넣는다
어머니 그림자가 밥상머리에 다가앉는다
정을 덜어 놓는 밥 한 숟가락에 목이 멘다

폐광에 쟁여 둔 새우젓 항아리는
속내 열어보지 않아도
탄광촌 광부들 땀방울로 간이 밴 토굴이라
내 염도와 맞을 것 같다

바닷가에 모시조개처럼 엎드려 있는

민박집에라도 가고 싶은 오늘

빈방에 촛불 켜고
흔들리는 그림자 따라 춤이라도 출까
파도를 끌어 덮고 곰삭은 사람들 인정에 섞여 잠자다가
다시 눈부신 아침을 맞고 싶은

바람으로 새겨놓은 하루가 레일 위를 달려간다

난 오늘도 차표를 사지 못했다

어린 화가에게

작은 손에 쥔 붓과 연필
그 손끝에서 번져나간 캔버스 위엔
선물처럼 너의 생각이 반짝인다

칠월의 햇살을 타고 온 아이야,
여덟 번의 여름이
네 손끝에 고운 빛을 입혔지

투명한 유리병 속에서 빛은 어떻게 춤추는지
저 창밖의 나무들도 어떻게
너의 세계로 걸어 들어오는지 속삭이는
해맑은 웃음 속에
잃어버린 나의 계절을 되찾는다

어느 날, 기억을 놓치고 있을 때
가만히 내 손을 잡고
기다리면 다시 찾을 수 있다던 너

함께 투명한 세상을 향해
우린 스무고개를 넘곤 했지
푸른 질문들은 햇살처럼 방안을 뛰어다녔어
스무고개 끝에서 우린
사랑의 해답을 찾곤 했지

태양을 싣고 온 작은 화가야,
빛을 섞어 세상을 해석하는
네 색채, 세상 속으로 조용히 스며들어 가고 있어

불꽃이 반사되는 손끝에서
무지개 세상이 열린다

초록을 비우며

비가 그친다
초록을 스케치한 시의 물방울
초록의 기억을 안고
갈색으로 환원하는 중이다

갈변하며 구부러드는 이파리에서 다비식을 떠올린다

대웅전에서 예불 올리는 소리
면벽에 들었다는 스님의 하얀 고무신에 적막이 쌓이고
햇빛과 바람이 꽃들의 언어를 파종한다

사유는 소란스러워지고
찾지 못한 곳에 슬며시 표징을 깔아둔 화두

가시덤불을 헤쳐가야 할 길
또 가시에 찔려도 짚고 일어서야 하지

딱지가 앉을 즈음, 겨우 꽃잎 한 장을 얻는다

상처에서 핀 꽃이다

그 꽃에서 바람의 나이를 읽으며
시의 지평을 향해 걸어가고 싶다

빛의 언어로 되돌아오는 계절

발톱

못물가로 스며든 낯선 그림자
어두운 날들의 비늘을 털어내며 웅크린다
이곳은 도시로부터 잊혀진 기억의 유적지
모래바람을 일으킬지도 모르겠는데

가쁜 숨 내뱉고 가르랑거리며
못물가로 스며든 삶
더 이상 긁히지 않는 물결에 잠긴다

경계를 푼 그림자 속에서 숨죽인 호흡이 잔잔히 번진다
피 흘리며 상처를 핥다가 은밀히 스며든 햇살에 아픔이 잦아든다
황폐해진 도시의 얼굴 위로
빛 한 줌이 스며들 듯 정령들이 내려앉는 숲
균열된 도시의 틈 헤매다 온 가여운 짐승을 기억하며
절뚝거리며 이주해 온 골목의 생을 감싼다

살며시 몸을 웅크린 채 물결에 자신을 풀어내는 회색 도시의

그림자

경계를 푼 자리마다 뿌리내리는 안으로
슬며시 발톱을 들여놓는다

지난 책 속에는

지난 숲,
지난 햇살,
지난 바람,
지난 낙엽이
겹겹이 머물러 있었다

지난 물빛이 돌아오는 자리
화살나무 잎사귀들이 과녁을 향해 날아가지만
바스러지고

지난 흔적이 닿았던 화살의 통증만
아직도 자라고 있다

내일 속의 진실

그날이 기억 나

햇빛 쏟아지는 거리에서 너에게 무릎 꿇고
수국 한 다발을 건넸지
진실을 담은 내일의 약속이었어

따뜻한 바람이 우리를 감싸주었지
항상 같은 날일 거라 믿었어

커져만 가는 이 공허함
메마른 리스는 벽에 기대어
먼지 속에 사라져 가지만 넌 더 멀리 떠나가네

그 거리의 보랏빛 향기 잊혀도
그날의 추억은 우리 가슴에 남아 있기를

얼어붙은 겨울꽃 녹이며
다시 초록 바람이 불어와

내 발길은 그리운 거리로 추억이 이끄는 그 길로
마로니에는 그 자리에 있는데
우리는 얼마나 멀리 떨어져 있는 것일까

다시 초록 바람은 부는데
우리의 내일은 오지 않는
그저 먼 내일인가 봐

캐리어

손잡이에 감긴 낯선 공기들은
마지막으로 다녀온 길의 슬픔이 잠겨 있다

닫힌 가방의 지퍼 사이 낡은 흙먼지가 묻어난다
길게 늘어선 바퀴 자국들
멀어진 거리 위에 놓아둔 약속
바퀴가 닳아도 멈추지 않는다

마블링의 화려한 무늬처럼
젓고 저으며 정류되지 못한 단어들은
이국의 바람처럼 흩어졌고

모국어를 잃어버린 여름,
외투 자락에 스친 도시의 이름들이 퇴색될수록
자잘한 조각들은 가슴 안쪽 무게로 쌓인다

이민의 두려움 무릅쓰고 두고 온 어린 딸의 웃음
여정이 끝나지 않아 아직 풀지 못하는 인연의 끈 나풀거린다

서랍 속에 숨기면
부르던 이름조차 잊을까 봐
가방에 품고 다니는 아이의 웃는 얼굴

철 지난 바퀴가 구르는 소리
낡아가는 기억
길 위의 소음을 베고 또 하루를 건넌다

시간의 소쿠리

소쿠리의 마른 꽃송이들, 풍욕도 끝냈지 틀어 올린 빛의 대궁 잘라 제대혈로 간직해 두었어 환절기엔 곧은 레일을 따라가도록 바퀴에 신경을 쓰지 계절의 선로마다 가뿐 숨표들, 불꽃이 튀고 미열이 생기곤 해 야윈 바람의 얘기에 귀를 열곤 하지 썰물이 벗어놓은 물골에서 피뿔고둥을 주워 그리움을 불다가 밀물로 만선을 꿈꾸는 바다와 춤을 추거나 외진 길 굽어든 창가에 걸터앉아 틈을 엿보기도 한다는데

바람의 길로 탁발을 나서는 나도 환절기엔 뜨겁게 우려낸 누군가의 계절을 넘보곤 하지 노을에 줄기세포를 이식할거야 말아 올린 꿈을 말간 유리병에 한 소절씩 불러오겠지 붉은 장미꽃이 오월의 축제를, 꽃 멀미가 나던 날들을 생각하게 되지 해당화가 섬의 입술을 여는 동안 갈증이 가라앉고 노란 산국의 자잘한 꽃송이들 가을 단추 풀겠지 오수를 깬 수련은 절집에 깃들던 종소리 꺼내듯 느긋이 붉은 시간 옮겨 심겠지

빛의 언어로 되돌아오는 계절들

팔각반짇고리

실감개에 감겨 있는 한 바람 오솔길

인연이 풀리는 오름에서
올올이 서리던
마른 씨앗 줍는다

도투마리 모퉁이 돌아 햇살 감아올리는 순간

불어닥친 비바람에 휩쓸리는
전신주 울음소리 발끝, 에이고
손톱 밑, 해저까지 파고드는 바늘의 깊이
소금기 아린 파도의 하울링 좇아
찢어진 바다 깁는다

달빛 걸음에 팔각반짇고리 열어
길목마다 별 부스러기 놓아주고
호박단추 달아가며 들려주던 먼먼 이야기
할머니 하얀 무릎에 다가가는 길이 흐리다

안경에 서린 비구름 오려내고

매듭 끊거나

실패에 얽힌 失敗의 바람 도막 풀어내 볼까
바늘귀 걸어 라비린스* 빠져나온 한 가닥 길

엉킨 씨줄 날줄 고르며
저무는 설원에 목화씨 뿌려
채광창 연다

꽃잎의 지층

속도를 잃은 꽃잎들
파도 위에 흔적을 남긴 채 누워있네
목선의 노는
심장을 저미듯 흔들고

시간의 지층을 넘나들던
파도
상처뿐인 섬의 윤곽을 지우네
수평선을 지나온 흔적마다
켜켜이 쌓인 해안에서
나도 무너지던 그날의 다리를 건너네

구름의 페이소스인 꽃잎
노을을 인양한 바다의 페이지마다
눈물 번지는데

쏟아진 잿빛 흔적들이
계절을 반추하며

지나온 길마다 영혼의 지층을 새기네

압화의 연분홍이네

그리고,

바다

파종한 햇살에 씨알이 굵어지는 여름, 갈퀴로 긁은 물이랑에 흔들리는 쉼표를 열고 하얀 파도를 만난다 갯고둥이 썰물에 구멍을 연다 촉촉한 갯벌의 숨구멍을 더듬는 바다 향기, 젖은 숨을 삼키며 갯바람은 시간이 노젓는 바다를 들락거린다 황홀하게 너를 마중하듯이 하얗게 달려온 물거품은 사정없이 바위를 때리고 돌아가고 돌아오고 한 치도 가까워지지 않는 거리에서 닻을 던진다 밀물에 배를 띄우자 우리, 숨을 채굴하는 갯고둥의 거리만큼 늘 경계를 긋는 이쪽과 저쪽에서 밀려오는 배, 밀기도 하고 당기기도 하지 주저함 없이 환영을 좇아 밀물에 가라앉고 달빛이 추락하고 있다 그때쯤 너와 나를 묶었던 수평선이 팽팽해질 수밖에. 낯선 얼굴들이 노을에 붉어진다

섬

섬의 페이지를 넘겨요

괭이갈매기 울음소리가 영역을 칠해 놓은
하얀 섬에 바람이 하늘을 채워요

눈을 감아도 섬이 보여요
가끔 섬에 닿아요
빈 프레임에 풍경을 끼워요
바람과 파도가 수평선을 당기며 놀아요
가오리들이 파도를 낚아채고 꼬리를 움직여요
섬, 적막을 펼쳐요
파도가 칠 때마다 섬은 발끝이 간지러워요

가오리연을 날려요, 바람 소리가 풀려요
바람 바람이 연을 날려요
달리던 모래밭에서 떠올라요
바람을 느껴요
내가 날아요

물방울을 굴리며 섬을 돌다가
아무렇지도 않게 섬을 닮아요

향기로 지은

상고대에 설해목 꺾이는 비명이 들린다
중력을 이기지 못한 편백나무가 쓰러지자
나무의 생을 켜던 사내가
겨울의 중턱에 톱을 내려놓는다
마른 수숫대를 훑고 온 바람이 무채색 풍경을 쓰다듬는다
계절의 등을 밟고 지나간 빗소리와
자장가를 불러주던 엄마의 노래가 잠들어 있다
탁발해 온 벌들이 목청 바른 집에서
계절의 압축을 푼 꽃잎들이
악보를 넘기며 모데라토의 해풍을 출력한다
향수 어린 메뉴를 주문하면
오지항아리의 이슬을 덜어
찻물 달이고
화롯가에 구수한 이야기 피어나지
어깨를 좁히고 둘러앉아
엇박자로 탁탁 튀는 생강나무 불꽃 향기 뒤적이며
추억을 불러오면
등을 도닥이며 젖 물리던 우리 엄마 우윳빛 향기

가슴께로 뻐근하게 돌아나온다

홍도

섬이 북적인다
어디서 왔는지 모를 시간이 작은 동백섬에 닿아
아득히 흔들리는 붉은 환영을 쫓는다

풍랑이 당집까지 너울을 씌우고
동백꽃이 고개를 떨군 지 사나흘 되었다는데
안개 속에 간신히 눈을 뜬 섬
동백꽃은 피고도 져서
핏빛 울음이 맴돈다

안개등이 흔들리며 새롭게 분주해지는 섬
조금 전 등불이 켜진 골목길에서
이방의 꽃잎을 주웠다
조리개를 오므리자 천연덕스러워진 나와 마주친다

안개등이 꺼지고
언덕을 오르는 낯선 발소리
가파른 골목길엔 따개비가 무리 지어 힐끔거린다

고단한 여행자의 거친 호흡이
휴식의 쪽방 문고리를 비튼다
덜컹거리던 바람이 밀고 들어와
딸깍, 흐린 알전구를 켜자
금빛으로 물든 꽃무늬 벽지

바다로 내려서게 하는 파도소리
바람에 얹혀 떠도는 물결이 섬을 돈다
깊이 들이키는 숨, 뭍의 토사를 뱉어낸다
숨비 내쉬며 간절해지는 휴식
노을이 안내한 붉은 하루 묵는다

산 자와 죽은 자의 영혼이 함께 바다를 내려다보는지
고단한 흔적을 끌어안은 바다는 잔잔해지고

이불속 온기, 새벽안개도 발을 뻗는 포근한 잠

화요일에는

화요일은 연을 들고 섬에 간다 꼬리가 긴 가오리연을 바람에 날리지 황소울음으로 노래하고 황소걸음으로 바람을 묶는 인디언을 만나지 깃털을 날리며 노는 인디언과 가오리연을 날리러 가지 오래전 오래 버티는 연싸움을 위해 연줄을 잘라내는 시합을 치렀지 연줄에 풀을 먹일 때 사금파리를 갈아 넣은 수법을 썼지 승리를 위한 일이었어 거칠게 살아왔네 용서를 구하고 연줄을 놓아버린다 백사장에 곤두박질쳤던 마지막 기억을 싣고 날아오르는 가오리연, 파도도 가오리연을 따라 물결로 달려가고 화요일에는 인디언과 함께 그 섬에 산다 끝없는 하늘 바다, 가오리연을 날리는 자유를 위해

휘발합니다

분꽃은 최선을 다해 하룻밤을 소진합니다, 아침이면 연분홍 기억을 놓칩니다.
기억을 접고 잊고 있었습니다.
꽃이 진자리에 까만 씨앗이 맺힙니다. 한 알의 씨앗이 맺히면 빛과의 이별을 준비합니다.
까만색은 포용의 어머니 품입니다. 들을 수도 없고, 볼 수도 없는 영혼의 세계, 그러나 포근합니다. 분홍빛을 소유한 마음속 보따리가 커집니다. 씨앗은 제자리를 벗어납니다.

봄은

가로수 길에 버스킹이 열리고
함께 모인 사람들
발끝에서 박자들이 까딱거리고
다 함께.
라, 라, 랄, 라 몸을 흔든다
마음속 그림자가 사라진다
바람이 불고 있는 거리가 훈훈하다
사진기 셔터를 누르며 터트리는 웃음
아름다운 사람들이 모여 있는 거리에서는
자연스레 "안녕하세요" 먼저 말하고
차가운 계절은 가고
카페의 따뜻한 불빛
타인들이 친근해지는 밤
파랑의 시간이 숨 고른 너머로
하늬바람 불어 꽃잎이 흩날릴 것만 같은
무채색으로 흘러드는 향기

바람이 분다

변방에서 기웃거리다 내 안에
스미는 순간
너는 바람이 된다

굽이치는 회상의 바다 위를 달려와
내 몸을 휩싸고
찢긴 상처의 시간을 풀어내는
파도

펄럭이는 깃발만이 바람을 품고 사는 것은 아니다
흔들리는 잎사귀만이 바람에 물드는 것은 아니다

떠났어도 떠나지 않은
잊혔어도 잊히지 않는 얼굴

바람은 바람이 아니어서 더욱 강렬히 분다

거친 말발굽 소리

고독한 벌판 속 휘몰아치는
눈보라

네가 찾아오는 날엔 언제나
태풍이 인다

지우기로 한다

작업실 한구석, 바늘꽃 잎사귀가
속수무책으로 떨궈졌다
물기를 간신히 머금은 메시지는
도착하지도 못한 채
환조와 부조 사이 손끝은 허공에 멈췄다

상처를 열면 꽃잎은 가장 빛났다
가시에 걸린
숨의 흔적만 남기고

곱게 접힌 꽃물 자국 위로
장미 향기 한 방울이 파열한다
허공의 갈라진 틈새
묻혀있던 가시가 튀어 나온다
나의 아집

너를 지우기로 한다
문신처럼 파고든 흔적

뜨겁게 흘러가는 통증 속을 뒤집어 보면
얼음보다 차가운 고요,
곡선의 그림자 위로
남은 잎맥 하나 펼쳐든다
날카롭게 그어진 분절음이
끝내 사라져버린 이름을 입술에 올려 놓는다

벽화

깊숙이 얼음 칼날을 찔러 넣는 겨울, 사내는 견뎌야 했다 벌판의 바람을 모아들인 공터에 사내는 나무의 겹을 싸고돌아 볏짚을 감은 허리를 부둥켜안았다 칼바람을 막기 위해 물집을 터트린 사내의 노동, 바람벽을 기어오른 실핏줄, 남루한 숨소리, 겨울바람에 길을 내는 공식은 복잡해진다 하얀 벽에 몸부림친 흔적, 눈 내리는 풍경이 지나가고 겨울의 눈물이 녹아내리면 어김없이 봄과 여름, 속잎들이 새살인 양 덮어갔다 풍경 속에서 찰랑거리던 바람의 이야기, 누군가의 흉터 위에 모질었다는 비밀 하나쯤 새겨 넣었을지 그 시간이 맴돌다 봄은 오고, 나무의 횡격막을 가로지른 산의 경치와 마음의 경전이 닿았다

감겨있는 묵언을 어떻게 읽어야 할까
톱과 대패가 무수히 켜 낸 길을 지나고
바람의 사다리를 오르내리는 동안

오랫동안 눌렀던 바람의 등 뒤로 햇빛을 더듬거리고
자로 재지 않아도 알게 된 노동의 값,

그가 가슴에 새긴 풍경을 본다
구불구불 새로 난 길을 뚫고 푸른 자화상이 남겨졌다

여자가 시집을 펼칩니다

마음이 읽히지 않아 꽃물이 으깨집니다. 밤이 사라질 때처럼 분꽃은 아픔을 기록합니다. 빛깔을 다 써버린 페이지에서 핼쑥한 미농지 얼굴빛이 이슬을 고이게 합니다. 오래전 살던 곳에서 저녁을 수놓던 적이 있습니다.
가벼워지면 날개가 돋아나는 모양입니다. 마른 꽃잎에서 바스락 소리가 납니다. 꽃술 하나, 책갈피에 떼어놓고 마침표를 아침이라고 적습니다.

문

실바람만 허용한 창

방문은 열리지 않는다 당신으로 가득 채운 궤적

닿을 수 없어 무수하게 물음표를 던진다

갈고리 하나가 심장에 걸린다

허락할 수 없는 빛이 기웃거린다

낡고 녹슨 자물쇠, 당신의 흔적을 지키며 무게를 더한다
쇠사슬 소리가 바람결에 울릴 때 그 문은 더욱 견고하게 닫힌다
당신을 두드리며 서러움이 너덜거리도록 문밖을 서성거린다

녹슨 문을 밀어볼 수 없다 아예 열리지 않을지도 몰라

비가 오기도
눈이 내리기도 한 그런 날들을 밖에 세워둔다

아직 기다려야 한다고
실바람은 자물쇠 틈새로 스며들며
조용히 마음을 가다듬는다

소리를 적다

소리의 진원지를 차단하려는 결심으로
벽이 선다
담쟁이는 그 틈에 사연을 적는다

길가로 밀려난 가장 미끄러운 소리를 편집한다
말풍선에 귀를 대고 배회하는 오후가 팽창한다

빗소리가 제일 미끄러워,
와이퍼의 작동에도 우리의 말은 금이 가고
결국 급브레이크를 밟고 가장자리에서 멈추고서야
침묵을 향해 파열음이 흡수된다

자동차의 울음이 찢기고 부서진 유리가 맞닿았다
깨진 말풍선 속에 비명이 응고된다

흩어진 파편 속에서 소리는 흔적으로 널부러진다
그 잔향은 기억의 한복판에 박힌다

침묵조차 결코 침묵일 수 없는

결국 놓친 소리는 사라지지 않고 공명한다

■ 시평

김기덕 시인

불새가 날아간 자리에 연꽃무늬를 그리다

 꿈의 날개들이 머물다간 자리에서 상처를 발견한다. 꽃잎 떨군 가슴에 맺혔던 바람의 무늬들, 휑하니 스쳐 간 시간 속에 시로 익었다. 불새와 사랑을 하다 까맣게 타버린 후 남은 재 속에서 건진 언어들. 한 편의 시를 얻기 위해 많은 날을 견뎌왔으리라. 내가 죽어야 얻을 수 있었던 언어는 다시 나를 살리는 생명의 언어가 되어 『눈으로 지은 집』을 완성했다. 눈처럼 순수한 언어들로 상징적 입체화를 꾀한 백승희 시인의 작품들은 개인적 서정에 머물지 않고 보편적 감성의 예술적 공유에 다가선다. 이미지의 시어들로 지은 상상의 집엔 속되지 않은 빛의 언어들이 정서의 승화를 만든다.

 백승희 시인은 2006년에 월간 『수필문학』에 등단하고,

2017년 월간『시문학』으로 등단한 후, 공부와 창작에 전념해 오다가 이번에 시집『눈으로 지은 집』을 출간하게 되었다. 시인에게 있어서 '눈'은 하늘에서 내려온 순백의 영혼이며, 순수의 눈물, 또는 세상에 녹아 굽이치는 물결이거나, 안개꽃 피어 어울리다가 어느날 아지랑이 햇살 입고 하늘로 오르는 상징적 존재이기도 하다. 눈으로 지은 집은 보일 듯 보이지 않고, 만져질 듯 만져지지 않는 모호성으로 둘러싸여 있지만, 다가서서 따뜻한 눈으로 바라보면 그 내면에 순백의 세상을 그리는 눈꽃 꿈이 담겨있음을 알 수 있다.

도자 잎들이 풍경소리를 낸다

휘파람의 햇살과 바람이 블루의 조각을 뒤집을 때
시작되는 뼈들의 연주

살구꽃 향을 스타카토로 끊었다가
하늬바람의 악장에서 소나기가 되는 파랑새 날갯짓
허공에 파동이 인다

다가설수록 침묵하는 수평선 위로 청음이 쏟아진다

바람의 지휘로 펼친 새로운 악장들의 거리는

빛으로 눈이 부셨다

날개의 파닥거림으로 휩쓸리는 크레센도의 물결
뼈들이 부딪치는 골목마다 가슴 저린
난타의 소용돌이가 인다

합장과 묵념 사이에서
날개들을 수목장한 빗소리가 젖은 숲길을 내려간다
시간 속에 구멍을 뚫는
새들의 랩소디는 잦아들고

혼을 불어넣는 소리나무의 풍경소리
세상 가득 잘강거린다
　　　　　-「소리나무」전문

　백승희 시인의「소리나무」는 이천시 신둔면에 도자예술로 세워진 나무를 보고 쓴 시이다. 바람에 흔들리며 서로 부딪쳐 소리내는 도자의 잎들은 불 속에서 탄생한 것으로 승화된 삶을 의미한다. 그들은 감각적 존재로 살지 않고 심오한 내면의 단단한 뼈로 존재한다. 햇살과 바람을 만남으로써 청음을 쏟아내는 도자의 삶은 꿈이 가득한 파랑새의 날갯짓

이며, 세상에 혼을 불어넣는 풍경소리다. 왼손과 오른손의 만남인 합장, 속성과 신성의 만남인 묵념, 세상과 하늘의 만남인 수평선은 삶의 대칭적 의미를 내포한다. 청음을 만드는 도자의 잎과 뼈들의 부딪침은 영혼을 향한 상승적 작용이며, 시간 속에 참된 존재의 구멍을 뚫는 소용돌이다. 고난 속에서 보석 같은 존재로 거듭나지 않고서는 뼈의 삶을 살 수 없고, 성聖과 속俗 사이에서 욕망의 날개를 버리지 않고서는 세상을 적시는 빗소리가 될 수 없다.

「소리나무」 속에는 다양한 소리가 등장한다. '풍경소리', '뼈의 연주', '파랑새 날갯짓', '파동', '청음', '물결', '난타', '새들의 랩소디' 등의 소리가 부서져 "새로운 악장들의 거리는 빛으로 눈이 부셨다"고 표현한다. 시인은 소리나무의 소리를 빛과 동일시 한다. 아름다운 소리는 빛이며, 빛은 말씀이기에 시인의 시적 언어 에너지는 빛으로 통한다. "날개들을 수목장한 빗소리"마저도 혼을 불어넣는 풍경소리가 되는 소리나무의 합창은 빛으로 넘친다. 합장과 묵념 사이에선 백승희 시인의 작품들은 어두운 세상을 밝히고선 또 하나의 소리나무다. 그 나무에서 울리는 소리는 세상을 향한 청음의 에너지이며, 혼을 불어넣는 빛의 소리다.

비가 그친다
초록을 스케치한 시의 물방울

초록의 기억을 안고
갈색으로 환원하는 중이다

갈변하며 구부러드는 이파리에서 다비식을 떠올린다

대웅전에서 예불 올리는 소리
면벽에 들었다는 스님의 하얀 고무신에 적막이 쌓이고
햇빛과 바람이 꽃들의 언어를 파종한다

사유는 소란스러워지고
찾지 못한 곳에 슬며시 표징을 갈아둔 화두

가시덤불을 헤쳐가야 할 길
또 가시에 찔려도 짚고 일어서야 하지

딱지가 앉을 즈음, 겨우 꽃잎 한 장을 얻는다
상처에서 핀 꽃이다

그 꽃에서 바람의 나이를 읽으며
시의 지평을 향해 걸어가고 싶다

빛의 언어로 되돌아오는 계절
    - 「초록을 비우며」 전문

「초록을 비우며」를 통해 백승희 시인은 상처에서 핀 꽃을 얻으려 한다. 초록은 성장기처럼 순수하고 활기에 차 있지만, 아직 성숙하지 못한 내면의 상징이다. "초록을 스케치한 시의 물방울"이라는 표현 속엔 순수하고 맑은 시 쓰기의 삶이 담겨있다. 시인은 평생 승화된 내면세계를 추구함으로 다비의 경지에 이르고자 한다. 치열한 불의 혀가 핥고 간 자리에서 새로운 생명을 꽃피우려 한다. 햇빛과 바람과 눈물과 꽃의 언어들로 이루어진 눈꽃송이들 모아 언어의 집, 존재의 집을 지으려 한다. 시 쓰기는 눈 속에 핀 꽃잎의 깨달음이며, 그 꽃의 언어들은 빛이 되어 새로운 세상을 열어갈 것이다.

백승희 시인은 승화된 언어의 세계를 보여줌으로써 초록을 비우고 빛의 언어로 돌아오는 계절을 보여주려 한다. 닫힌 마음의 문을 활짝 열어줄 빛을 위해 "상처에서 핀 꽃"들은 아픔을 이겼기에 더욱 눈부시다.

미처 헹구지 못한 날들이 쌓여간다
옥탑 방에서 처음 널던 희망
깃발을 꽂기 위해
흐린 날에도 습관처럼 빨래를 했다

냄새로 나누는 어제와 오늘

비누 거품 안에서 지난날들을 비비며 흔들어 깨운다
 오늘 속에 모인 팍팍했던 어깨들을, 주름 잡힌 걸음들을 비틀어 짠다
 집게에 맞물린 꿈을 넌다

 맑아진 눈물이 흐린 생각을 물고 추락한다
 바람이 분다
 응, 바람이 있었지
 묵은 시간들은 서로를 붙들고 펄럭인다

 (중략)

 날마다 빨래를 널고 걷는 일은
 깃발을 올리고 내리는 경건한 기도
     -「빨래를 널다」일부

 빨래는 맑아진 눈물이 흐린 생각을 물고 추락하는 것이라고 한다. 눈물 없이는 빨래가 불가능함을 알 수 있다. 언제까지나 젖어있는 빨래는 쓸모가 없듯 바람에 눈물이 말라서 보송보송한 상태, 긍정의 꿈들이 부푼 정결함 속에서 우리는 행복한 일상을 입을 수 있다.
 "날마다 빨래를 널고 걷는 일은/ 깃발을 올리고 내리는 경

건한 기도"임을 백승희 시인은 고백한다. 청정 세제 같은 기도를 통해서 인간은 살아온 날들의 때를 헹구며 희망을 널 수 있을 것이다. 깃발을 꽂는 것은 더 높은 희망을 세우는 일이며, 정결함으로 고결해지는 의미이다. 깃발은 가장 고귀하고 엄숙한 존재로 높은 곳에 걸리는 상징물이다. 정결함의 존재가 되기 위해 시인은 날마다 빨래를 널고 걷는다. 빨래를 통해 일상적인 일에서 매 순간 자신을 돌아보며 삶을 바르게 하려는 의지를 내보인다. 기도는 시인으로서 날마다 하는 시 쓰기의 반복이며, 정제된 언어들로 자신을 일으켜 세우는 간절한 꿈 널기의 부단한 시도인 것이다.

나무의 일이다

허공에 그물을 치며 뻗어간 욕망
온통 얽힌 시간을 공중에 들어 올린
푸른 절규를 알까

이쪽과 저쪽
이승과 저승까지 다리를 놓으려 했던
허공의 그림자 하나
우리의 헛손질로 새긴 인연마저
가지가 되어

나무에 등을 매달고 향을 피워 올린다

등꽃의 보라

높은 상징은

잎도 가릴 수 없고

구름도 덮을 수 없어

빛나는 별자리들 내려와 평면도를 이루었다

갈등을 엮으며

손을 뻗어 허공에 새긴

우주의 형상

고뇌의 마음 하나 드로잉 중이다

-「그의 설계도를 훔쳐본 일이 있다」 전문

  백승희 시인의 구도적 정신은 「그의 설계도를 훔쳐본 일이 있다」에서도 잘 나타난다. 첫 문장에 '나무의 일'이라고 했지만, 나무의 일이 아니기 때문에 표현한 역설적 문장이다. 공중에 가지를 뻗은 등나무를 보고 꿈을 생각한다. 그것은 공중을 향해 들어 올린 푸른 절규로 이승과 저승까지 다리를 놓으려 했던 그림자라고 한다. 꿈은 속된 것이 아닌 하늘을 향한 푸른 절규이며, 등을 매달고 향을 피우는 등꽃이다. 그녀의 고뇌는 하늘과 인연을 맺는 일이다. 하지만 이러

한 꿈과 바람은 한계를 갖는 것이어서 더 이상 뻗어갈 수가 없다. 본원적 한계로 인해 정지된 생각의 가지들은 그래도 낙심하지 않고 높은 상징의 향을 피워올린다. 그녀의 시 쓰기의 삶은 상징의 향을 피우는 등꽃 피우기이다. 그 감동이 지극함으로 인해 잎도 구름도 가릴 수 없고, 밤이면 별자리들도 내려와 평면도를 이룸으로 하나가 되는 경지를 드러낸다. 곧 그녀의 삶은 우주의 형상을 그리는 가지 뻗기이며, 더 높은 이상을 향한 고뇌의 드로잉이다.

 태흙을 풀어 수비질로 공을 들인다 연잎에 긋는 빗소리, 오후의 평수를 잘라내며 온 힘을 쏟지. 연꽃 향기가 허공을 치댄다 개펄의 시간을 물레에 얹자 탯줄을 가르는 갯내음. 불꽃에 붙박이며 가마 쪽 일에 귀를 연다 애벌그릇 뜨겁게 끌어안을 때 화려한 꿈을 담으려던 너는 초번의 불꽃을 읽어내지 못했고 불완전한 숨결에 금이 갔다 담아야 할 자리를 잃어 무엇이 되지 못한 조각들을 내려다본다 몇 번의 불질에 몸을 맡겨야 너를 안을 수 있을까. 애벌의 살갗에 견뎌내는 사랑을 유약으로 바른다 덧난 상처를 안으로 삼켜 마침 불꽃으로 단단해진 너를 확인했다 가마를 털자, 불새는 검붉은 문장을 지우며 날아간다. 불새가 날아간 자리, 연꽃무늬만 남았다 아가미로 호흡하던 기억은 잊은 채, 한때는 차우림 그릇이거나 술잔이거나 파도를 담은 너, 서해라고 부

른다

-「불새가 그린」 전문

　백승희 시인이 꿈꾸는 시는 불새의 문장이다. 불새는 불사조의 의미로 차용되어, 영원히 남을 수 있는 명시를 쓰고 싶은 내면의 간절한 표현이다. 불새가 날아간 자리에는 재만 남지만 시인은 그 위에 연꽃무늬를 그린다. 연꽃무늬는 삶의 아름다운 흔적이고 뜨겁게 사랑했던 불꽃무늬다. 하나의 청자를 빚고 고온의 불가마에서 완성 시키듯 그녀는 시 쓰기를 고난과 실패를 딛고 탄생시키는 도예의 과정으로 본다. 상처를 안고 불꽃으로 단단해진 문장들만이 불세출의 시로 남을 수 있음을 강조한다. 아가미로 호흡하던 기억은 본능적, 또는 인간적 삶에 충실한 상태였다. 1,500도 불꽃 속에서 태어났어도 찻잔이나 술잔에 불과했지만, 그 작은 공간에 어마어마한 꿈을 담음으로써 서해가 된다. 불새가 떠난 자리에 그린 것은 연꽃무늬만이 아닌 불멸의 혼불이며 빛의 문장들이다.

　시인은 불새의 문장들을 통해 누군가의 가슴에 혼불을 남기는 빛의 창조자가 되고자 한다. 감각할 수 없는 대상과 내면에 대한 이미지화는 정신세계 너머까지 포용하고 아우른다. 다양한 이미지들의 조합은 하늘의 별자리를 만들고 우주의 입체도를 그린다. 그 입체도는 푸름을 담은 물방울에 그치지 않고 혼을 담은 빗소리가 되려 한다. 온통 얽힌 시간을 들어 올린 푸른 절규에서 머물지 않고 등꽃 향불을 피우려 한다.

 백승희 시인의『눈으로 지은 집』은 이글루 같은 마음이 녹아있는 책이다. 온화한 심성과 긍정의 시각이 담긴 이 시집은 읽는 이들의 가슴을 녹이는 또 하나의 햇살이 될 것이다. 백승희 시인의 맑고 올곧은 시인 정신이 만든 작품세계가 아름다운 세상을 밝게 열어가길 기대한다. 불새가 날아간 자리에서 연꽃 문양을 새기는 백승희 시인의 시 작업은 앞으로도 계속될 것이다. 푸른 하늘을 담고 수천수만의 상처를 끌어안은 작품들이 청잣빛 꿈을 안고 또다시 우리에게 다가오리라 기대한다.

눈으로 지은 집

초판 1쇄 발행/2025년 1월 25일

지은이 / 백승희
펴낸이 / 백선욱
펴낸곳 / 도서출판 수수께끼
등록 / 제393-2024-000041호 2024년 10월 11일
주소 / 경기 안산시 단원구 원포공원 2로 6, 1138호
TEL / 010-9367-0143
E-mail / sunwuk143@daum.net

ISBN 979-11-990220-2-7 03810
격 15,000원

*이 책 내용의 전부 또는 일부를 재사용하려면
 반드시 저작권자와 도서출판 수수께끼 양측의 동의를 받아야 합니다.